Conrad K. Butler

DIE MÜLLWAGEN DER WELT

Argentinische Müllwagen

WELTWEIT WERDEN JEDE MINUTE MEHR ALS EINE MILLION PLASTIKFLASCHEN VERKAUFT ODER JEDE SEKUNDE 20.000!

Australische Müllwagen

PLASTIK, DAS IN DEN OZEANEN LANDET, TÖTET JEDES JAHR MEHR ALS EINE MILLION SEEVÖGEL UND HUNDERTTAUSEND MEERESSÄUGER.

Österreichische Müllwagen

VIELE DER FISCHE, DIE WIR ESSEN, ENTHALTEN UNVERDAUTES MIKROPLASTIK!

Belgische Müllwagen

EINE PLASTIKTÜTE BRAUCHT 100 BIS 400 JAHRE, UM SICH ZU ZERSETZEN. JEDES JAHR WERDEN ZWISCHEN 500 MILLIARDEN UND EINER BILLION PLASTIKTÜTEN AUF DEM WELTMARKT EINGEFÜHRT.

Brasilianische Müllwagen

ALUMINIUMDOSEN KÖNNEN RECYCELT WERDEN UNENDLICH OFT. DIE VERARBEITUNG EINER TONNE ALUMINIUM SPART L TONNEN ERZ UND 700 KILOGRAMM ROHÖL EIN.

Kanadische Müllwagen

GLASVERPACKUNGEN KÖNNEN UNENDLICH OFT RECYCELT WERDEN. DIE WIEDERVERWENDUNG EINER GLASFLASCHE SPART 1100 W ENERGIE, DIE FÜR DIE HERSTELLUNG EINER NEUEN BENÖTIGT WIRD.

Chinesische Müllwagen

NAHEZU DAS GESAMTE ZUR VERSCHROTTUNG BESTIMMTE AUTO (80 – 95 %) IST RECYCELBAR.

Ägyptische Müllwagen

EINE BATTERIE EINER ELEKTRONISCHEN UHR KANN BIS ZU 600 LITER WASSER VERGIFTEN!

Französische Müllwagen

FÜR DIE PRODUKTION VON 1 TONNE PAPIER WERDEN ETWA 17 BÄUME BENÖTIGT. DIESE BÄUME PRODUZIEREN JÄHRLICH GENUG SAUERSTOFF FÜR 170 MENSCHEN.

Deutsche Müllwagen

EINE MILCHTÜTE HAT GENUG ENERGIE, UM EINE 60-WATT-GLÜHBIRNE 1,5 STUNDEN LANG ZU BETREIBEN.

Griechische Müllwagen

EIN UNDICHTER, LEICHT TROPFENDER WASSERHAHN VERURSACHT ETWA 36 LITER WASSER PRO TAG AUSLAUFEN. DURCH EINE UNDICHTE TOILETTENSPÜLUNG TRETEN TÄGLICH ETWA 720 LITER WASSER AUS.

Indische Müllwagen

ES WIRD GESCHÄTZT, DASS 35 PLASTIKFLASCHEN AUSREICHEN, UM EINE FLEECEJACKE HERZUSTELLEN. DIE AUS DEN FLASCHEN GEWONNENE POLYESTERFASER IST EIN HERVORRAGENDES MATERIAL ZUR HERSTELLUNG VON Z.B. RUCKSÄCKE, ZELTE ODER SCHUHE.

Iranische Müllwagen

JE 100 KG PAPIER ENTSPRICHT DER DURCHSCHNITTLICHEN GRÖSSE VON ZWEI BÄUMEN, ABER ES IST WICHTIG ZU WISSEN, DASS EIN BAUM GENUG SAUERSTOFF FÜR 10 MENSCHEN PRO JAHR PRODUZIERT.

Japanische Müllwagen

ANEINANDERGEREIHTE LASTWAGEN, DIE JEDES JAHR 2,12 MILLIARDEN TONNEN ABFALL AUF DIE DEPONIE BRINGEN, WÜRDEN DIE ERDE 24 MAL UMRUNDEN!

Mexikanische Müllwagen

EIN LITER GEBRAUCHTES MOTORÖL KANN EINE MILLION LITER WASSER VERUNREINIGEN!

Marokkanische Müllwagen

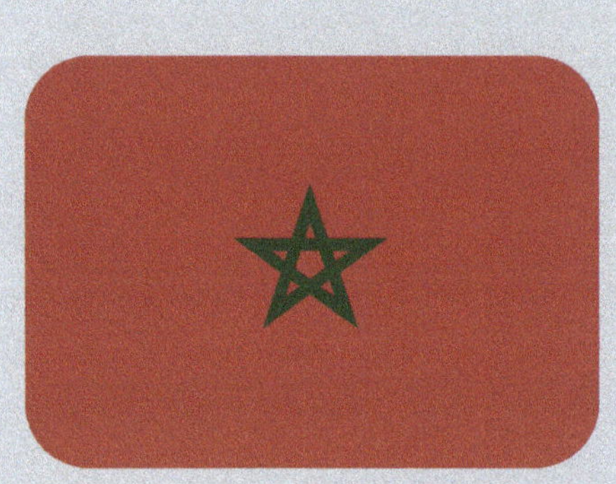

AUF DER ERDE ZIRKULIEREN ETWA 19.000 ABFALLSTÜCKE MIT EINER GRÖSSE VON BIS ZU 10 CM UND MILLIONEN KLEINERER.

Nigerianische Müllwagen

AUS 600 ALUMINIUMDOSEN KANN MAN EIN FAHRRAD MACHEN UND AUS 3 ALUMINIUMDOSEN KÖNNEN BRILLENGESTELLE HERGESTELLT WERDEN.

Polnische Müllwagen

ABFÄLLE WIE FLASCHEN, LUNCHPAKETE, PLASTIKTÜTEN UND EINKAUFSTÜTEN MACHEN ETWA 7 % DES GEWICHTS DES GESAMTEN MÜLLS AUS, ABER SIE NEHMEN VIEL PLATZ EIN — FAST 30 % DES GESAMTEN ABFALLS!

Russische Müllwagen

KLÄRANLAGEN KOMMEN MIT SUBSTANZEN WIE MEDIKAMENTEN NICHT GUT ZURECHT UND IHRE ANWESENHEIT IM WASSER MACHT BAKTERIEN UND VIREN RESISTENT GEGEN SIE UND NEUE MEDIKAMENTE ODER HÖHERE DOSEN WERDEN FÜR DIE THERAPIE BENÖTIGT.

Saudische Müllwagen

AUS DEPONIEN FREIGESETZTES METHAN IST 27-MAL AGGRESSIVER ALS KOHLENDIOXID CARBON DIOXIDE.

Südafrikanische Müllwagen

STATISTISCH WIRFT JEDER VON UNS PRO JAHR ETWA 56 VOLLSTÄNDIG RECYCELBARE GLASBEHÄLTER WEG.

Südkoreanische Müllwagen

DIE MENGE DES ANFALLENDEN MÜLLS HAT SICH VERDREIFACHT DIE LETZTEN 20 JAHRE. DIE VON DIESEM ABFALL EINGENOMMENE FLÄCHE HAT SICH VERDOPPELT.

Spanische Müllwagen

DAS MOBILTELEFON ENTHÄLT MATERIALIEN WIE KUPFER UND GOLD SOWIE SELTENE METALLE WIE IRIDIUM, KOBALT UND ANDERE. FÜR EINE TONNE KUPFER WERDEN 1.000 TONNEN GESTEIN BENÖTIGT. DIESELBE TONNE KUPFER STECKT AUCH IN 11 TONNEN ELEKTROSCHROTT.

Thailändische Müllwagen

WUSSTEN SIE, DASS SIE, WENN SIE ALLE FERNSEHGERÄTE, DIE WIR DURCH NEUE ERSETZEN, ÜBEREINANDER STELLEN, EINE SÄULE BAUEN KÖNNTEN, DIE FAST 50-MAL HÖHER IST ALS DER MOUNT EVEREST?

Türkische Müllwagen

DIE GLASTÜR DER WASCHMASCHINE LÄSST SICH UMBAUEN EINE PRAKTISCHE HITZEBESTÄNDIGE SCHALE, UND AUS DEN ZURÜCKGEWONNENEN UND VERARBEITETEN KOHLENSTOFFFASERN WERDEN LANGLEBIGE SEGEL ODER ZELTE HERGESTELLT.

Britische Müllwagen

METALLE WIE GOLD, SILBER ODER KUPFER, DIE AUS GEBRAUCHTEN MOBILTELEFONEN GEWONNEN WERDEN, KÖNNEN ZUR HERSTELLUNG VON WASSERKOCHERN, ZAHNFÜLLUNGEN UND SOGAR MUSIKINSTRUMENTEN VERWENDET WERDEN.

Amerikanische Müllwagen

WELTWEIT SIND ETWA 5 MILLIARDEN TELEFONE IM EINSATZ. DIE PRODUKTION VON MOBILTELEFONEN VERBRAUCHT 13 % DER WELTWEITEN PLATINPRODUKTION, 11 % DER WELTWEITEN KOBALTPRODUKTION UND 3 % DER WELTWEITEN SILBERPRODUKTION.

Vietnamesische Müllwagen

DAS SYMBOL DER DURCHGEKREUZTEN MÜLLTONNE, ANGEBRACHT AN DEN ELEKTRISCHEN UND ELEKTRONISCHEN ANSCHLÜSSEN, BEDEUTET, DASS ALTGERÄTE NICHT ZUSAMMEN MIT ANDEREN ABFÄLLEN ENTSORGT WERDEN DÜRFEN.

auch prüfen:

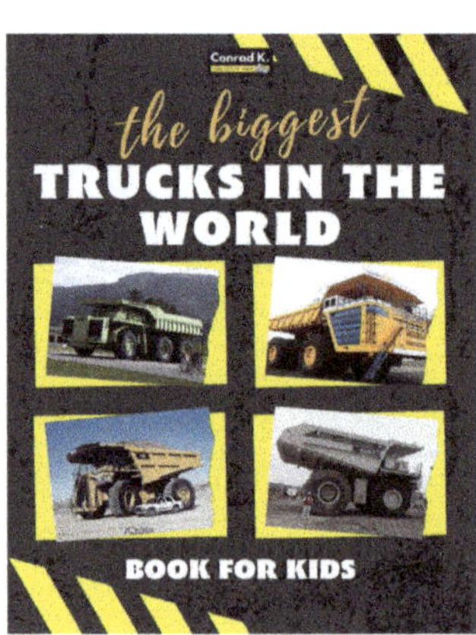

und vieles mehr!